mehr krause gedanken - gedankensprünge

liederbuch nr. 3

BoD™

BOOKS on DEMAND

ERICH KRAUSE

# MEHR KRAUSE GEDANKEN
# GEDANKENSPRÜNGE

LIEDERBUCH NR. 3*

*DIE MEISTEN GEDICHTE SIND AUCH ALS LIEDER GEDACHT

Der Autor war Lehrer und Schulleiter an Grundschulen. Gedichte und Lieder macht er zu seinem und anderer Leute Vergnügen - oft auch, um Alltägliches oder Besonderes ironisch und kritisch zu betrachten oder um Stellung zu nehmen. Dies ist das 3. „Liederbuch".

Die anderen Bücher:

KRAUSE GEDANKEN – Liederbuch Nr. 1

ISBN: 9783739208909

SCHRÄGE VÖGEL – Krause Gedanken und Bilder (Liederbuch Nr. 2)

ISBN: 9783743142046

*Mehr über den Autor im Internet auf www.erich-krause.de*

*Weitere (ältere und neuere) Texte sind zu finden unter*

*www.krause-gedanken.de und www.gedankenfluege.de*

*sowie www.facebook.com/krausegedanken/*

*Bibliografische Information der Deutschen Nationalbibliothek:*
*Die Deutsche Nationalbibliothek verzeichnet diese Publikation in der Deutschen Nationalbibliografie; detaillierte bibliografische Daten sind im Internet über http://dnb.dnb.de abrufbar.*

*Herstellung und Verlag: BoD – Books on Demand, Norderstedt*
*ISBN: 9783744882118*

# INHALT

-

## GEDANKENSPRÜNGE

gedanken springen wie ein känguru
manchmal ganz plötzlich heftig auf uns zu
vor denen, die uns umgeworfen hätten,
kann uns oft nur ein sprung zur seite retten

gedanken springen manchmal wie die flöhe
ganz kreuz und quer in relative höhe
sie können auch mitunter lästig stechen
man mag darüber meist nicht gerne sprechen

gedanken springen manchmal wie ein ball
und prallen ab von mauer oder wall
sie rollen übers weiche, grüne gras
und treffen manchmal auch ein fensterglas

gedanken springen manchmal wie ein kind
am liebsten da, wo gräben offen sind
gelegentlich fällt man dabei herein
doch es macht spaß und muss auch manchmal sein

gedanken springen manchmal wie die grillen
in eine ecke, warten dort im stillen
und zirpen sie, ist mancher ganz betört
manch andrer fühlt sich allerdings gestört

gedanken springen manchmal wie ein hase
man hat sie sozusagen vor der nase
will man sie greifen, springen sie vor schreck
ganz schnell davon und sind dann einfach weg

gedanken springen manchmal kreuz und quer
man will sie fangen und läuft hinterher
das sollte man oft lieber unterlassen
um nicht 'ne andre chance zu verpassen

und springst du gerne selber in gedanken
ganz sorglos über gräben oder schranken
kann's schiefgehn – vielleicht stoppt man dich gewaltsam
doch es ist trotzdem meistens unterhaltsam

## MATHEMATISCHE LEBENSWEISHEITEN

algebra:
man muss mit allem rechnen
besonders mit dem schlimmsten

geometrie:
was nach außen als eine runde sache erscheint
kann innen ecken und kanten haben

mengenlehre:
eine menge kann viel sein – aber lass dich nicht täuschen
sie kann auch leer sein

## DIE ZEHN POPULÄRSTEN IRRTÜMER
## DER WELTGESCHICHTE

der erste irrtum ist: das gute siegt
der zweite ist: das böse unterliegt
der dritte ist: der beste wird gewinnen
der vierte ist: dass nur die römer spinnen
der fünfte ist: erfolg belohnt den fleiß
der sechste ist: wer anschafft, zahlt den preis
der siebte ist: es gibt nur eine wahrheit
der achte: eine bombe sorgt für klarheit
der neunte ist: das rad wird neu erfunden
der zehnte ist: die zeit heilt alle wunden

*ein weitrer irrtum sei hier noch genannt:*
*wem gott ein amt gibt, schenkt er auch verstand*

## DER ZUG DER ZEIT

der zug der zeit fährt ohne gleise
der zug der zeit fährt ohne plan
er schlägt sich einfach eine schneise
und bricht sich einfach eine bahn

er fährt im dunkeln und bei licht
und überfährt er ein signal –
dann merken es die meisten nicht
und wenn, dann wär es auch egal

er fährt vorbei an attraktionen
und zeichen, die am wege stehn
und haltestellen und stationen
hat er oft einfach übersehn

die passagiere haben ziele
die jeder für sich wichtig nimmt
es überlegen sich nicht viele
ob überhaupt die richtung stimmt

und geht's durch schwieriges gelände
bleibt einem noch die zuversicht
zum glück sah man bisher am ende
des tunnels immer wieder licht

## KEINE GUMMIBÄRCHEN!

elisa-helene – so hat mama vernommen
hat ein gummibärchen in der kita bekommen
mama rief: statt sie gesund zu ernähren
füttert man kinder mit gummibären!

auch jens-uwes mutter war ziemlich empört
denn ihr sohn hatte dort ein märchen gehört:
statt die kinder aufs leben vorzubereiten
gibt es dumme geschichten aus uralten zeiten!

*keine gummibärchen!*
*keine grimmschen märchen!*

süßigkeiten und gummibärchen,
tüttelkram und grimmsche märchen
das ist erziehung vom letzten jahrhundert!
meinten die eltern empört und verwundert

sie meldeten ihre kinder dann
in einer anderen kita an
die kinder lernen dort philosophieren
und können mit vier schon englisch parlieren

*keine gummibärchen!*
*keine grimmschen märchen!*

die ernährung ist vegetarisch/vegantisch
ganz wenige kinder dort sind migrantisch -
das ist zwar nicht offizell bekannt
man erzählt es erleichtert unter der hand

farbige kinder von doktoren
von managern und von professoren
geben der kita ein buntes gesicht -
hauptsache, nicht aus der unterschicht

*und: keine gummibärchen!*
*keine grimmschen märchen!*

## DIE WASCHMASCHINE

die waschmaschine ist ein unerklärliches phantom
denn sie ernährt sich nicht allein von wasser und von strom
von pulvern und von andern waschkraftfördernden essenzen
oh nein, ihr appetit, er kennt in wahrheit keine grenzen

*und wie ihr sicher wisst, hat sie spezielle interessen*
*am allerliebsten scheint sie nämlich socken aufzufressen*

von zwei aus einem sockenpaar verschlingt sie immer ein'
das find' ich fies und hinterhältig und auch ganz gemein
das irritiert uns und soll unsern frust auch noch verstärken
denn wenn sie beide fräße, würde man es gar nicht merken

*dass es die reine bosheit ist, hört man ja schon am ton:*
*sie tut als wäre nichts und summt und brummt voll spott und hohn*

die waschmaschine frisst bestimmt auch ab und zu einmal
ganz unbemerkt ein kleines tuch, vielleicht auch einen schal
das fällt oft weiter gar nicht auf, doch du kannst sicher sein
bei socken sollst du merken: es fehlt einer von den zwei'n

*sie lacht mit offnem trommelmund und scheint zu triumphieren*
*sie hat es wieder mal geschafft, uns heftig zu frustrieren*

doch es ist leider wie es ist und es hilft nichts dagegen
es hat auch wirklich keinen sinn, sich deshalb aufzuregen
man macht sich so nur lächerlich und es wird auch nichts nützen
man kann sich nur mit selbsthypnose vor dem wahnsinn schützen:

*ich rede mir ganz einfach ein, damit ich nicht verbittere*
*dass die maschine hunger hat und dass ich sie gern füttere*

## ICH BIN DER FOTOGRAF

ich bin der fotograf für meine lieben
ihr leben wird von mir dokumentiert
und bin ich mal ein bild schuldig geblieben
werd ich von allen heftig kritisiert

ich bin der fotograf und allenthalben
bediente immer ich die kamera
doch auf den bildern in familienalben
sieht's meistens aus, als wäre ich nicht da

ich rückte bei ereignissen und reisen
die andern alle stets ins beste licht
dass ich dabei war, kann ich nicht beweisen
denn auf den bildern sieht man mich meist nicht

gut, dass es da den selbstauslöser gab
drum gibt es fotos auch gelegentlich
wo ich mich schnell ins bild begeben hab
und der, der dann gestresst aussieht, bin ich

mit selfies geht das leichter heutzutage
sie sind zwar auch symbol der dekadenz
doch man kann so in jeder lebenslage
ein zeichen geben seiner existenz

ich kann damit bei feiern und bei reisen
und jederzeit, wenn es mir grad gefällt
in echtzeit meine existenz beweisen
euch allen - und auch gern der ganzen welt

doch ein aspekt ist ziemlich ärgerlich –
vielleicht versteht ihr es nur allzu gut –
auch andre machen gern ein bild von sich
und man geht unter in der bilderflut

auch wenn jetzt alle wild fotografieren
verlässt man sich auf mich – und ich werd brav
was wichtig ist im bild dokumentieren
den immerhin bin ich der fotograf

## AN DEN MOND, DER SICH HINTER WOLKEN VERBIRGT

den mond sieht man oft leider nicht
er ist gekränkt, hält sich bedeckt
weil er sich denkt, die menschheit spricht
von ihm nicht wirklich mit respekt

du lebst wohl hinterm mond, klagt man
wenn einer keine ahnung hat
ich schieß dich auf den mond, sagt man
hat man mal jemand gründlich satt

und weil der mond das nicht gern hört
wenn er da schwebt am himmel oben
hat er wie oft – und zwar empört –
den wolkenvorhang zugeschoben

ach, guter mond, das ist verständlich
doch leider völlig ungerecht
die meisten lieben dich unendlich
und machen dich bestimmt nicht schlecht

zwar sind die menschen oft barbarisch –
du siehst ja, was da unten tobt  –
doch du wirst meistens literarisch
und musikalisch hoch gelobt

vom liebesglück im mondenschein
erzählen lieder und gedichte
der mensch scheint sehr berührt zu sein
und spricht von deinem milden lichte

und wenn in dunklen nachtgefühlen
vom bleichen licht, das uns erschreckt
geredet wird, um aufzuwühlen -
dann klingt darin doch auch respekt

ach, guter mond, ich muss dir sagen:
du stehst gut da und kommst gut weg
hast wenig grund, dich zu beklagen
drum komm doch raus aus dem versteck

## FÜR IMMER JUNG

schon wieder einer weniger – ich hab es grad vernommen
die zeit bleibt ja nicht stehn – es musste ja so kommen
schon wieder einer weniger von denen, die seit jahren
im soundtrack dieser welt und meines lebens waren

oft mehr als nur begleitmusik war'n seine lieder
und manche hört man gar nicht mehr und manche immer wieder
und neulich lief ein song von ihm im radio
er war für immer jung – es klang schon immer so

*ich dachte mal, er wär für immer jung*
*was ewig schien, ist jetzt erinnerung*
*was zukunft war, ist nun vergangenheit*
*to everything there is a season –*
*ein jegliches hat seine zeit*

schon wieder einer weniger – ich hab es grad vernommen
die zeit bleibt ja nicht stehn – es musste ja so kommen
und auch, wenn seine lieder so wie immer klingen
nichts kann den lauf der zeit zum stehen bringen

die lieder und sein bild – ich hab's auf der cd
da ist er so wie ich ihn immer vor mir seh
und auch auf alten platten aus vinyl
ist er für immer jung – so täuscht uns das gefühl

*ich dachte mal, er wär für immer jung*
*was ewig schien, ist jetzt erinnerung*
*was zukunft war, ist nun vergangenheit*
*to everything there is a season –*
*ein jegliches hat seine zeit*

die zeit vergeht, die sänger müssen gehn
man kann es wirklich nicht mehr übersehn
dass uns die zeit aus dieser welt vertreibt
auch wenn vielleicht ein lied für immer bleibt

## MEINE GITARRE

meine gitarre sprach: ich bin verstimmt
weil man mich selten nur zum spielen nimmt
sie sagte mir: du hast mich einfach hängen lassen
hier an der wand – und dafür müsste ich dich hassen
doch wenn du endlich wieder spielst mit mir
dann seh ich drüber weg und ich verzeihe dir

*da wurde mir ums herz so warm*
*ich  nahm sie zärtlich in den arm*
*um jede saite mit dem stimmgerät zu trimmen -*
*und es gelang mir in der tat sie umzustimmen*

meine gitarre sprach sodann: ich mag dich wieder
denn ich begleite dich ja gern und deine lieder
du kannst mich zupfen und du kannst die saiten schlagen -
ich werde alles ohne widerspruch ertragen
ich diene dir gelassen und auch mit geduld
und wenn es falsch klingt, trägst nur du die schuld

*da wurde mir ums herz so warm*
*ich  nahm sie zärtlich in den arm*
*ich sprach: ich werde mich bemüh'n und hoffe schon*
*ich treffe immer auch den richtigen ton*

meine gitarre ist ja so bescheiden
ich nehme an, sie muss oft schrecklich leiden
weil sie nicht zeigen kann, was in ihr steckt
denn leider ist mein spiel ja nicht perfekt
ich bin auch nicht als gitarrist bekannt -
ich bin ja nur ein dilletant

*und dann wird mir ums herz so warm*
*ich nehm sie zärtlich in den arm*
*und sie begleitet mich – trotz manchem frust*
*und was ich an ihr hab, ist mir bewusst*

und manchmal denke ich mir, meine angetraute
im langen leben mit mir leicht ergraute
und liebe gattin ist in manchem ähnlich fast
jedoch - sie reagiert nicht so passiv und angepasst
sie nimmt nicht alles, was ich mache, hin
doch sie erträgt mich letztenendes wie ich bin

*und dann wird mir ums herz so warm*
*ich nehm sie zärtlich in den arm*
*und sie begleitet mich – trotz manchem frust*
*und was ich an ihr hab, ist mir bewusst*

## ZU ALLEM BEREIT

*profil für einen multikompatiblen kandidaten*


er ist für die freiheit der lebensgestaltung
für breitband und kreative entfaltung
für gute bildung für töchter und söhne
und auch für angemessene löhne
er ist für alles, was arbeit schafft
und trinkt frischgepressten orangensaft

er ist selbstverständlich auch für reformen
und für die beseitigung störender normen
und für den abbau von subventionen
und dafür, dass sie euch vor steuern verschonen
er ist stets für ordentliche finanzen
und er geht mit seiner frau gerne tanzen

er ist für die integration von migranten
für den richtigen umgang mit asylanten
er ist für die anwendung von gesetzen
und für strafen, sollte man sie verletzen
und er ist immer auch für ein deutliches wort
und er interessiert sich natürlich für sport

er ist für gleiches recht für die frau
für saubere autos und gegen den stau
er ist für jede gebührensenkung
und für medien ohne staatliche lenkung
er ist für vereinfachung in der verwaltung
und kauft eier von hühnern aus biohaltung

er ist auch vor allem für sicherheit
und für die soziale gerechtigkeit
er hat immer ein ohr für kummer und leid
sein herz ist groß und sein herz ist weit
und für's schützenfest hat er immer zeit –
er ist sozusagen zu allem bereit

## KÜSS DIE HAND
*oder: der kandidat für den stadtrat\**


aus leuten werden kandidaten
zum beispiel für die stadtratswahl
und man erwartet große taten
für eine große stimmenzahl –
ein richtig guter kandidat
geht freundlich grüßend durch die stadt:

*küss die hand, schöne frau,*
*ihre augen sind so blau*
*tirili tirili tirila!*
*oh, hallo, guter mann,*
*ich tu alles, was ich kann –*
*ich bin immer für euch da!*

ein kandidat muss da und dort sein
stets aufmerksam und stets bereit
muss stündlich an 'nem andern ort sein –
und trotzdem hat er immer zeit –
man hört ihn jetzt bei jedem fest
weil er sich gern dort blicken lässt:

*küss die hand, schöne frau…*

ein guter kandidat kennt jeden
wen er nicht kennt, den spricht er an
er kann mit allen freundlich reden –
auch wenn er wen nicht leiden kann –
am marktplatz und im stadion
ruft er von allerweitem schon:

*küss die hand, schöne frau…*

bei jedem thema, jeder klage
da hat ein guter kandidat –
auch bei der allerdümmsten frage –
stets einen netten satz parat
bei jedem anlass bringt er den beweis
dass er sich zu helfen weiß

*küss die hand, schöne frau…*

*\*könnte man mit kleinen anpassungen
auf die melodie des gleichnamigen songs
der ALLGEMEINEN VERUNSICHERUNG singen*

*bild: Daniel Chodowiecki auf https://commons.wikimedia.org/*

## VERLASST EUCH NICHT AUF MICH

ich mache mit und setze mich ein –
und trotzdem warne ich
ich warne vor mir und sage euch gleich:
verlasst euch nicht auf mich

verlasst euch nicht drauf, dass ich unbeirrt
die geplante strecke gehe
ich werde auch andere wege beschreiten
wenn ich es anders sehe

ich werde vielleicht manchmal zögerlich sein
und werde vielleicht was verpassen
ich werde vielleicht den nötigen ernst
manchmal vermissen lassen

ich werde – wenn ich bedenken hab –
nicht einfach was unterschreiben
ich mach auch bestimmt nicht alles mit
sondern lasse manches bleiben

und sicherlich werde ich andererseits
oft eifrig sein und verbissen
und lobhudelei und schönfärberei
werden manche bei mir vermissen

ich möchte – auch wenn es müßig ist –
gern erklären und argumentieren
ich werde bestimmt nicht einfach nur
gewisse parolen zitieren

vielleicht bekomme ich manchmal applaus
für ideen, die gerade gut passen
doch brauche ich hilfe und bekomme sie nicht
dann werd ich die sache lassen

ich kann auch nicht kompromisslos und stur
für unsere seite streiten
denn mir ist bewusst: ein jedes ding
hat zwei oder mehrere seiten

doch dass ich bestrebt bin, nur dinge zu tun
die zu dem, was ich sage, passen –
das ist meine absicht zu jeder zeit –
und darauf könnt ihr euch verlassen

**POLITTALK**

abends zu relativ später stunde:
eine diskussion in politischer runde
sie wird von einer person moderiert
deren name den titel der sendung ziert

beliebt ist das thema: deutschland in not
dazu ein schwarzer und einer rot
ein gewerkschafter und auch ein unternehmer
und manchmal irgendein unbequemer

auch grüne und linke und liberale
werfen sich gern für die show in schale
und die redaktion ist besonders entzückt
wenn ein professor die runde schmückt

neuerdings sind auch die populisten
auf den talkshoweinladungslisten
sie sitzen rechts außen auf den sesseln
und setzen sich manchmal in die nesseln

jeder sagt seine wahrheit - oder auch nicht -
auf jeden fall aber aus seiner sicht
es kann auch ein bisschen gelogen sein -
doch die runde soll ausgewogen sein

es geht um bekannte, brennende fragen
alle sagen das, was sie immer sagen
deshalb scheinen sie - ich könnte fast schwören -
einander oft gar nicht zuzuhören

## QUOTE TV

euch gefällt rtl, sat eins und pro sieben?
aber quote tv werdet ihr lieben!
in diesem programm wird alles geboten
was zuschauer bringt und echte quoten

weil schon immer shows erfolgreich laufen
in denen sich psychos billig verkaufen
wird auch quote tv nicht den trend verpassen
und wird hemmungslos die sau rauslassen

wenn andre kanäle kasse machen
wenn hüllen fallen und knochen krachen
zeigt quote tv es noch plastischer
noch näher dran und noch drastischer

wenn ärzte und schwestern an krankenbetten
auf allen kanälen patienten retten
dann hat's auch für quote tv konsequenzen:
es gibt serien mit ärzten – ohne grenzen

auch bei quote tv wird gequizzt und gejaucht
dass den kandidaten die birne raucht
das neue ist aber: hier geht's dann schon
um die existenz – nicht bloß um die million

und wenn köche erfolgreich die pfannen schwenken –
was da quote tv macht, könnt ihr euch denken:
es braten und brutzeln die sterneköche
und die schrägsten und ulkigsten gerneköche

quote tv bringt die heißere küche
die heißeren filme, die heißeren sprüche
kämpft härter als alle um einschaltquoten
mit den krasseren shows und den krasseren zoten

*na, und eins ist ja ohnehin klar:*
*auch quote tv sucht den superstar*

WUNDERLAND IST ABGEBRANNT

wunderland ist abgebrannt
das paradies ist mies
die guten feen sind verbannt
die übrigen sind fies

das märchenland wird überrannt
von schrecklichen gestalten
die monster nehmen überhand
und sind nicht mehr zu halten

das rotkäppchen entfloh vor schreck
es fürchtete sich sehr
die heinzelmännchen sind längst weg
frau holle mag nicht mehr

schneewittchen macht die lichter aus
und auch die sieben zwerge
woll'n aus dem märchenwald hinaus
und über alle berge

und manche haben durchgedreht:
der knüppel aus dem sack
geht wie verrückt auf alle los -
nur nicht auf's lumpenpack

der geist ist aus der flasche raus
und macht jetzt was er will
den helden geht die puste aus
sie bleiben lieber still

und auch die märchenleute
aus der nächsten generation
wie tiger, bär und pippi
packen ihre sachen schon

fantasia wird zugemacht
und auch die micky maus
hat längst schon ans exil gedacht
und will am liebsten raus

und wenn sie nicht gestorben sind
sind sie so gut wie tot
es bläst jetzt hier ein andrer wind
doch der ist ein idiot

## SCHLECHTE NACHRICHTEN

man wird es wieder vergessen
wird wieder trinken und essen

wird wieder weinen und lachen
über die üblichen sachen

und wird sich ärgern und streiten
über kleinigkeiten

und alles wird so wie immer sein –
nur am ende wird es noch schlimmer sein

## UNSICHTBAR

wenn es keiner mehr sieht
weil es täglich geschieht

wenn man's einfach vergisst
weil es immer so ist

wenn man es ignoriert
weil es uns nicht tangiert

wenn man es nicht mehr hört
weil sich keiner dran stört

wenn man sich dran gewöhnt
tag für tag, jahr für jahr

wird es  u n s i c h t b a r

## JAMMER

vom bergesrand zum meeresstrand
erstreckt sich weit das jammerland
in den palästen und den kammern
übt jedermann das große jammern

und ich muss euch ganz ehrlich sagen
auch ich hab grund, mich zu beklagen
mir geht es eigentlich nicht schlecht
jedoch - die welt ist ungerecht

ich jammer' vor mich hin ganz still –
wer aber was erreichen will
der jammert und empört sich laut
indem er auf die pauke haut

so richtig jammern kann man nur
mit bildung, möglichst abitur
auch reichtum ist sehr vorteilhaft
und steigert sehr die jammerkraft

wer mittel hat, bedauert sich
und seinesgleichen öffentlich
wer besser als die andern klagt
bekommt dann etwas zugesagt

## WIR HÖREN IMMER NUR DIE LAUTEN

die leisen töne werden nicht beachtet
die sanften töne werden übertönt
gehört wird, wer laut andere verachtet
wer andere beleidigt und verhöhnt

die zwischentöne werden nicht vernommen
und argumente sind nicht mehr gefragt
die mit den schrillen tönen sind im kommen
unsägliches wird unbeschwert gesagt

es sind die lauten immer und die dreisten
die man zitiert und über die man spricht
trotz lauter töne sind es nicht die meisten
und auch die besten sind es sicher nicht

es könnte sein, dass wir uns dran gewöhnen
dass bosheit lauter ist als der respekt
dass lügen oft die wahrheit übertönen
und dass uns das schon gar nicht mehr erschreckt

## IM ZWEIFEL

ich muss es euch ganz ehrlich eingestehn
dass ich die leute irgendwie beneide
die ohne zweifel durch ihr leben gehn
wo ich doch selbst so oft an zweifeln leide

ich zweifle, ob es wirklich richtig ist
wie ich die dinge und die welt betrachte
ich zweifle, ob das wirklich wichtig ist
was ich aus meiner sicht dafür erachte

*ein zweifel mischt sich immer ein*
*er nagt an jedem ja und nein*
*er macht es mir verdammt nicht leicht*
*im zweifel sag ich dann: vielleicht*

doch einer, den die zweifel niemals plagen
denkt zweifellos, er ist bestimmt im recht
er wird dies meistens laut und deutlich sagen
und  fühlt sich dabei überhaupt nicht schlecht

er ist sich sicher, zweifel hat er keinen
und ich weiß gar nicht, wie er das so schafft
auch würde ich ganz zweifelsohne meinen
sein weltbild ist doch äußerst zweifelhaft

*ein zweifel mischt sich immer ein*
*doch man muss nicht verzweifelt sein*
*bloß weil man sich gedanken macht –*
*oft ist ein zweifel angebracht*

im echten leben ist das teilen gut für die moral
in den sozialen medien ist das teilen digital
man teilt dort virtuell – und viele teilen unbeschwert
du kannst auch etwas teilen, was dir selber nicht gehört

wie ist es denn mit dir? lebst du nur oder teilst du schon?
bist du in den sozialen netzen eine unperson?
bist du präsent und existent und hast schon ein profil?
vielleicht teilst du nur selten, vielleicht teilst du ziemlich viel

vielleicht teilst du von katzen alles, was du dazu fandst
vielleicht teilst du gern fotos, die uns zeigen was du kannst
vielleicht teilst du gern sprüche – solche, die zu herzen gehn
vielleicht teilst du am liebsten deine eigenen ideen

vielleicht teilst du gern bilder, die uns zeigen, wo du bist
vielleicht teilst du ja bilder, die uns zeigen, wen du küsst
vielleicht teilst du ein bild vom tisch mit deinem leibgericht
vielleicht teilst du private dinge aber lieber nicht

vielleicht teilst du das, was du findest, ungerührt und kühl
vielleicht teilst du auch manche nachricht voller mitgefühl
und wenn mal einer boshaft postet und gehässig spricht
dann schreibst du einen kommentar – und teilst es aber nicht

vielleicht bist du stets auf empfang, zum teilen stets bereit
vielleicht teilst du nur selten, denn das teilen kostet zeit
vielleicht siehst du es kritisch und und hast einen vorbehalt
und nennst es einen hype und sagst, es lässt dich kalt

doch ganz egal, ob du spontan teilst oder überlegst -
und auch, wenn du am sinn des teilens echte zweifel hegst -
wenn du das, was ich poste, teilst, dann ist es stets korrekt
denn das spricht ja auf jeden fall für deinen intellekt

*nur mal für alle fälle, falls jemand teilen möchte:*
www.facebook.com/krausegedanken/ *und* www.krause-gedanken.de

## NEUES VOM WEIHNACHTSMANN 2017

der weihnachtsmann – das solltet ihr wissen –
ist nicht mehr vom himmel angestellt
er hat ein geschäft und ist ziemlich gerissen
und bringt, was du willst – natürlich für geld

er ist professioneller wunscherfüller
und das sind zur zeit die größten knüller:

kochbücher für die gerüchteküche
nachschlagewerke für dumme sprüche
scheuklappen mit beschränkter sicht
und eingebautem denkverzicht

*trump*oline für salto mortale
und *trump*eltierchen, plüschig und blond
schlüssel für internetportale
und technik wie früher nur bei james bond

baukästen für bomben und granaten
pandoras büchse, gefüllt mit hass
und musterbücher von attentaten
und streichhölzer für's pulverfass

und außer den genannten geschenken
bringt der weihnachtsmann ohne bedenken
natürlich auch die üblichen gaben
vor allem für die, die schon alles haben

und die, die nichts haben
werden nichts von ihm kriegen
er lässt sie wie immer
einfach links liegen

## IMMER MEHR

hab bücher gekauft und geschenkt bekommen
ich wollte sie lesen – irgendwann mal
ich hatte mir's wirklich vorgenommen –
jetzt stehen sie traurig im regal
   *die regale sind voll und die last ist schwer –*
   *und es wird immer mehr*


so viele cds und platten auch noch
die hebe ich auf und da häng ich dran
sie haben für mich bedeutung – und doch
weiß ich nicht, wann ich sie anhör'n kann
   *und sie stapeln sich, liegen kreuz und quer –*
   *und es wird immer mehr*


hab schrauben und nägel und manches in massen
was man vielleicht irgendwann einmal braucht
es wird wahrscheinlich dann gar nicht passen
oder ist unauffindbar untergetaucht
   *man könnt' lachen, wenn es nicht zum weinen wär –*
   *und es wird immer mehr*

es sammeln sich tausende dinge an
auf die man (man kann es nicht wirklich erklären)
nicht ernsthaft verzichten will und kann
und die letztenendes entbehrlich wären
> *es wär noch genug da, wenn's weniger wär –*
> *und es wird immer mehr*

entsorge ich mal mit gutem gewissen
was nutzlos rumlag, zig jahre schon
dann brauch' ich es bald und werd' es vermissen –
und das verdirbt die motivation
> *entsorgen fällt dann doppelt so schwer –*
> *und es wird immer mehr*

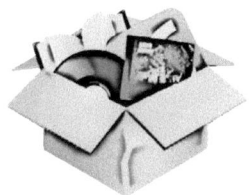

ich träume davon – und hab's ernsthaft geplant
mich von allem ballast zu befrei'n
ich mache mich dran – doch ihr habt es geahnt:
es wird so wie immer sein:
> *ich räume zwar alles hin und her –*
> *aber es wird immer mehr*

## IM NEUEN JAHR WIRD ALLES BESSER
*gute vorsätze...*


im neuen jahr wird alles besser
im neuen jahr wird alles gut
im neuen jahr wird alles besser
so sagt man voller übermut

es wird nichts mehr aufgeschoben
nichts mehr auf die lange bank
was weg kann, wird nicht aufgehoben
ordnung wird gemacht im schrank

es wird nicht mehr rumgetrödelt
es wird alles aufgeräumt
es wird nicht mehr rumgedödelt
kein termin wird mehr versäumt

es wird alles frisch gestrichen
es wird alles repariert
der arbeit wird nicht ausgewichen
löcher werden zugeschmiert

es wird nicht mehr nur gepredigt
es wird nicht mehr nur geklagt
was zu tun ist, wird erledigt
was zu sagen ist, gesagt

geist und körper zu trainieren
gilt dann wieder mehr als pflicht
man geht jeden tag spazieren
und man achtet aufs gewicht

ach, es gibt noch viele sachen
die noch auf der liste sind
immer will man's besser machen
wenn ein neues jahr beginnt

im neuen jahr wird alles besser
ach, das wär ja gar nicht schlecht
aber nach so vielen jahren
glaubt man's selber nicht so recht

im neuen jahr wird alles besser
sagen wir uns selbst zum trost
im neuen jahr wird alles besser
auf ein neues - na, dann prost!

## LEITKULTUR

nicht ruhe ist die erste bürgerpflicht
die erste pflicht ist, sich zu interessieren
für menschen, umwelt – und dann nicht
mit schaum vorm mund zu diskutieren

>*respekt vor menschen und vor der natur –*
>*gehört bestimmt auch mit zur leitkultur*

das recht, sein leben selber zu gestalten
dabei nach glück und nach erfolg zu streben
doch fair zu andern sich an regeln halten
nicht nur zu nehmen, sondern auch zu geben

>*die freiheit – doch in diesem sinne nur –*
>*gehört bestimmt auch mit zur leitkultur*

erinnerungen, die das land begleiten
die zeugnisse und zeichen der geschichte
aus guten alten und aus bösen zeiten
und bilder, klänge, bücher und gedichte

>*erinnerung – manchmal als mahnung nur –*
>*gehört bestimmt auch mit zur leitkultur*

die sprache, um auch mit dabei zu sein
um mitzureden und um zu verstehn
mit sprache fangen wir gedanken ein
wir nennen unsre wünsche und ideen

>*die sprache – nicht nur wegen literatur*
>*gehört bestimmt auch mit zur leitkultur*

die chance, an der bildung teilzunehmen
nützt jedem und nützt allen – es kann nicht
von schaden sein, wenn jemand bei problemen
auch etwas weiß, wenn er darüber spricht

> *und bildung – mit und ohne abitur*
> *gehört bestimmt auch mit zur leitkultur*

sich für die welt als ganzes interessieren
ein weiter blick und nicht die sicht verengt
verschied'ne lebensweisen akzeptieren
wenn's andre nicht verletzt oder bedrängt

> *die offenheit – begrenzt von regeln nur*
> *gehört bestimmt auch mit zur leitkultur*

die politik, parteien und die wahlen
worüber mancher bitter sich beschwert -
und auch der umstand, dass wir steuern zahlen -
sind letztenendes doch der mühe wert

> *es hält doch die gesellschaft in der spur –*
> *und es gehört auch mit zur leitkultur*

die leitkultur erinnert auch daran
dass man doch immer und zu allen zeiten
das, was jetzt ist, noch besser machen kann
und dass es sich auch lohnt, darum zu streiten

> *doch fair und mit geduld und niemals stur –*
> *sonst ist sie leider futsch, die leitkultur*

## EIGENTLICH

*oder: die lösung aller probleme*

**EIGENTLICH**

müsste es uns nur gelingen
über den eigenen schatten zu springen
den inneren schweinehund zu bezwingen
und auch mal ein wunder zu vollbringen

wir müssten fünf gerade sein lassen
dinge verbinden, die nicht gut passen
das unsagbare in worte fassen
die feinde lieben, statt sie zu hassen

wir müssten handeln statt zu bedenken
und nie mehr eine chance verschenken
uns nicht auf das mögliche beschränken
und alle begeistern und keinen kränken

wir müssten uns wirklich interessieren
für dinge, die wir gern ignorieren
wir müssten verzichten zu profitieren
auf kosten derer, die immer verlieren

wir müssten nicht zur bequemlichkeit neigen
und müssten viel mutiger flagge zeigen
doch manchmal auch gelassen schweigen
und nicht gleich auf barrikaden steigen

wir müssten glauben an bessere zeiten
berge versetzen und meere durchschreiten
nicht warten auf bessre gelegenheiten
und nicht wegen kleinigkeiten streiten

und geht mal wieder was gründlich daneben
dürften wir nicht die hoffnung aufgeben
dass irgendwann klappt, wonach wir streben
auch wenn wir es selber nicht mehr erleben

ich wär so gern ein optimist
der glaubt, dass das

möglich ist

## ENTSORGUNG

haltet ihr mein buch in ehren?
leider kann es sich nicht wehren
fände es ein trauriges ende
als flohmarktspende

da liegen bücher, die keiner mehr liebt
denen man keine chance mehr gibt
manche sind verschmuddelt, zerschlissen
von kindern bekritzelt, vom hund angebissen

> *und dazwischen würde man meines legen?*
> *da bin ich dagegen!*

haltet ihr mein buch in ehren?
leider kann es sich nicht wehren
werft ihr es – womöglich mit wonne
in die abfalltonne

da drin sind alte tüten und dosen
glasscherben und verwelkte rosen
trümmer von kaputten geräten
vom kotelett die knochen, vom fisch die gräten

> *mein buch zwischen sachen, die gammeln und stinken?!*
> *ihr solltet vor scham in den boden versinken!*

—